그래도 일요일

이유선 시집

문학의전당 시인선
361

그래도 일요일

이유선 시집

문학의전당

시인의 말

유배로 온 소행성
첫 심장이 닿았던 자리
우묵하게 패인 고해소로 돋았다.
동그랗게 뜬 눈으로 하늘을 가두고 보니
멋대로 흘러가는 구름이 어느 날엔가 귀찮아
마른 나뭇잎 두어 장으로 눈잎을 가렸다.
살점이 다한 앙상한 빗자루로는
죽어도 쓸어낼 수 없는
거뭇한 이 시름아.

2023년 5월
이유선

차례　　　　　　　　시인의 말

제1부

잡놈　13

낙과　14

그래도 일요일　16

사바나　18

달력의 뒤편　20

증발　22

혹한의 숲　24

어깨춤이 필요해　25

어린 기억들　26

한 번쯤 먼 거리에서　28

짐승　30

교차로　32

까무룩한 시간　34

반란을 읽다　36

나의 언어　38

제2부

동어반복　41

에스프레소　42

디오니소스　44

빗방울 연주회　45

에필로그　46

부부싸움　48

외로움을 훔치다　50

귀뚜라미　51

불면　52

검색　54

다짐　56

행려(行旅)　57

문득　58

누구의 몫일까　60

밥의 시　62

제3부

새우잠　65
나는 아직 백매　66
낮달　68
늦꽃　69
일몰　70
물의 보법　72
가을을 수선하다　74
겨울 화가　75
수밭골　76
달맞이꽃　78
가을 반경　80
푹신한 모성　81
신춘을 읽다　82
오사카　84

제4부

뜨거운 손　87
피고 지고　88
윤슬을 꼭 닮은 밤입니다　90
부부외 밥상　92
사막　93
쓸쓸한 마을　94
보이지 않는 유산　97
풀벌레 우는 밤　100
빈집에서 울다　102
느티나무 나이테　103
화가는 봄 속에 꽃을 숨겨놓는다　104
시현이네 집　106
비, 벼랑을 두려워 않는　108
율려(律呂)　110

해설 | 써라, 춤추고 노래하듯이　111
신상조(문학평론가)

제1부

잡놈

이것도 저것도 아니고 아무것도 아닌, 그 무엇도 아닌

로맨티스트도, 사회주의자도, 허무주의자도, 무골호인도, 외톨박이도, 불한당도, 한량도, 낭인도, 걸인도, 나그네도, 오입쟁이도, 난봉꾼도, 술주정뱅이도, 약장수도, 만담꾼도, 수행자도, 혁명가도, 몽상가도, 사회운동가도, 영웅도, 호걸도, 폐인도, 조폭도, 건달도, 백수도, 예술가도 아닌

마냥 기다린다, 그냥 기다린다, 너무 외로워 혼자 운다, 아무에게도 들키지 않고,

그저 그렇게 산다

낙과

해의 단맛이 감춘 씨앗, 자갈밭 내 몸에 떨어졌다

바람이 문질러 주는 공중을 얼마간 견디던 과육이
툭 내려놓은 열매
그늘이 기어 다니는 자리에서는
외로움도 하나의 권력인 듯
깔린 돌 틈의 풀이 사뿐히 받아준다

덜 외로운 자, 더 외로운 자를 섬기는 공중
열매가 견딘 잠옷에서는 언제나
시금털털한 혁명 냄새가 났다

바람 부는 날 잎들은 비워졌고
안 보이던 강이 멀리서 흘러와
과육의 살갗은 더 이상 부풀어 오를 수 없을 만큼
탱글탱글하던 그때를 기억한다

땅에 떨어지면 곧 그곳이 무덤인 걸 안다

49일째 휴일이 없는 사람들의 입에 들면 그나마 다행
출렁거리던 각도의 품만큼
강물이 훤하게 내려다보이기 시작하면서
발목 잡던 어미를 원망도 한다

떨어져 단단한 돌 위에 찢은 이마
욕망의 틈새를 연다, 퇴로 차단하는 바닥에 항거하면서
조개처럼 헛바닥 내미는 초록의 혀

나날의 고통 어서 지나가기를 기다리고 있다

그래도 일요일

1
일요일은 거꾸로 해도 일요일이니까
죽자고 달려드는
저 벽장 안 우울증과 치통
누가 저 문 좀, 입 좀 닫아주세요

2
'꼭 뽑혀 나온 이빨 같아'
히브리어로 석류는 리몬이라는데
성서에 모두 32번이나 나오는 이름이라는데
석류 먹고 있는 나도 아브라함의 자손인 거지

3
이호 바다,
바닷물을 파랑 아메리카노라고 우기는 너나
내일도 일요일이라 우기는 나나
야호, 여호와, 이호, 그래도 치통

4
리피트 리피트, 지겹도록 리피트
아침공복청양고추멀미용키미테번지점프보헤미안랩소디
의성마늘생강와사비마사지팩
각진 얼음 겨드랑이에 끼워 다 녹을 때까지 랩소디

5
남은 십 분은 욕하는 시간입니다!
십 분 간 죽여주는 시간입니다
그래도,

사바나

섬처럼 서 있는 가시나무가 코뿔소를 혈육인 듯 본다

맹수의 귓구멍에서 울리는 빙하의 숨소리
모든 걸 풍경으로 만들어 버리기 위해 이름을 버린
모래가
모래를 덮어준다

사바나 사바나
순종을 허락하지 않는, 섬 하나

발목이 가는 흑인 여자
눈곱 낀 동공에 고인 푸른 멜로디
검은 노래

윙윙거리는 초파리 속에서 한 달째 굶고 있는 사자가
쩍 벌려 삼키는 노을

사바나 사바나

착암기 맹수의 송곳니
죽음이 이내 살림으로,
힘센 턱뼈의 순서대로, 허기를 채우고 가는 곳

저 장대한 힘의 물결에 떠밀린 사랑이
무한한 번식이, 무한의 꿈이, 무한이

달력의 뒤편

누군가
시월을 진실이라고 했고 십일월을 거짓이라 했다

목을 매달아도 죽지 않던 새 한 마리 잿빛으로 날아가고

어딜까
바람을 비껴가는 망상

수평으로 누웠던 시간은 기약 없이 출렁였고
달을 찢을 때마다 한숨은 착지점 없이 나부꼈다

붉다 못해 검어진 사과
한입 깨물면
까맣게 타들어 가는 민낯

낱장으로 흩어지고서야 한 해가 먼지인 걸 알았다

발뒤꿈치 들고 매달리면 돌아 오를

첫, 이라는 끝

열두 달을 다 바쳐도 다시는 틔우지 못할

나의 계절

증발

몸 안 향기를 다스리는 데는
몸 밖 향기만 한 게 없다
풋풋한 향기를 발효의 향기로 눌러 줄 때
무쇠 주전자는 낮은 음성을 들려주었다
몸 안이 끓고 있다고 해서
몸 밖까지 끓고 있다는 것이 아닌 듯
바닥이 뜨거워진 주전자는
수증기를 공중으로 밀어 올려
공중으로 가는 길을 뜨겁게 연다
지하로 흐르던 물이 지표로 처음 솟구칠 때
그 은밀하고 그윽하던 몸체가
뜨거움도 차가움도 잊은 채 허공에서 끓고 있다
대접이라는 그대 귀 안쪽에
흠씬 향기로 적셔줄 몸 안 향기에서
여인의 치맛자락 쓸리는 소리가 들렸다 해도
함부로 원탁을 흔들 수는 없는 일
찻잔보다 먼저 입술이 뜨거워질 때
차는 알맞은 온도가 된다

둥지에 든 새를 한밤중에 맨손으로 꺼내듯
온몸에 찌르르 번지는 전율
젖꽃판도 덩달아 따듯해지고

혹한의 숲

사람과 사람 사이에도 살얼음은 낀다

바퀴와 노면 사이에 끼어든 살얼음
말과 말 사이의 살얼음

등과 등의 거리만큼 걸어가는
너와 나의 사이엔 혹한이 지나고 있는 것일까

함께 손잡고 걸어가는 데 백 년이 걸렸다

어깨춤이 필요해

지금 필요해
낙엽처럼 뒹구는 지폐가 필요해
진한 가슴 들뜨게 하는
물질의 작당도 꽃이 되지 못한 공허한 웃음도
원시가 필요해
초원을 노니는 얼룩말
부어오른 엉덩짝
그 위로 날아오르는 저녁
까마귀 떼가 더 필요해
잔인하지 않게
한 줌 푸성귀를 뜯어놓고
어느 부족장의 딸이 되어 피운 불꽃에
무릎이 뜨거워져도 필요해
누구도 사랑 고백하지 않아도
혼자 출렁거리는
우울이 필요해

어린 기억들

서럽지도 않게 왔다가
서럽지도 않게 떠나가기에 바쁜
우리는 풀꽃이다

나태주 시인의 풀꽃을 뜯어
점심으로 먹고 싶은 일요일
오후의 귓불 느닷없이 아카시 향기에 닿았다

못 둑 지나 뒷산 오르다 예고 없이 찾아온 울렁증
이걸 낭패라고 할 수 있나

한적한 일요일 봄 가는 길에서
문인수 시인을 만났다는 것
시인에게 민낯 드러낸다는 것
그게 바로 그해 봄의 낭패였다

급하게 찍어 바른 아카시 향이
수직으로만 솟구치던 내 마음을

깜짝 놀라는 시인의 눈썹에 지긋이 걸어둔다

이제 꽃 지면 서러움도
흔적 없이 떠나갈 여름이라고

한 번쯤 먼 거리에서

파리의 샹제리제 거리를 걷는데
서문시장 아낙네들이 채소를 팔고 있다
크리스마스트리와 전등이 상추와 양파로 펼쳐진 노전
바티칸 성당 284개의 원통 기둥도
어설픈 지푸라기에 묶인 대파였다
영혼도 신앙도 배고플 수 있다는
먼 과거 먼 나라의 유물들도
박물관 루브르에 모여
인류애로 지핀 따뜻한 모닥불 위에서
쪼그려 앉은 아낙네가 마시는 커피
추위가 녹아 믹스커피 달달해질 때
간간 찾아든 손님들은
팔리지 않아서 더 추운 채소 가격을 묻는다
너무 가까워서 보지 못했던 사랑의 값어치도
비에 젖어 추워진 몸뚱이일 때
나는 마치 물방울 뽀글거리기를 멈춘
어항 속의 물고기처럼 턱턱 막히는 숨
큰 것과 작은 것의 의미에 얽매이다가

말 다르고 몸짓 다른 이국에 와서
외로움 또한 소중한 가치임을 알았다
파리는 거기에 있고 나는 파리에 있으니
서문시장 아주머니는 벌써
바티칸 성당 종탑 위로
때 묻은 전대 벗고
털빛 고운 비둘기로 날고 있다

짐승

나는 용서라는 말과 배려라는 말을 싫어해

그대 가슴 안에 살고 있는 나이지만
욕심, 시기와 질투 증오와 저주는
소중해

피 냄새 읽은 상어처럼 흉포한 아가리를 벌리고
그대 몸뚱이 찢어발기려는
그런 나를 나는 좋아해

휴일 없는 이빨이 졸릴 때까지
참 이상하고도 헷갈리는 사랑이라는 물건은
몸도 마음도 어쩔 수 없는 접점에서
젓갈처럼 발효된 그대 몸을 삼켜 그대가 나의 일부가 되어 버릴 때
태양의 촉수에 닿아 우리는 하나가 되지

하늘인 척해도 너는 짐승

순한 내 눈 속에 드는 순간
너는 풀을 눕히고 흐르는 여울이 되지

용서와 배려라는 너의 말은 그만!

바짝 마른 목덜미 털을 적셔줄
촉촉한 너의 혀가 필요해

교차로

송전탑에 걸린 구름이 붉어졌다

둥근 묘지 위 할미꽃 씨방이 또 부풀어 올랐다

신호등 앞에 선 나와
횡단보도 건너편에 선 너의 얼굴이
숨겨진 언어를 동반하고 멈추었다 일어나는 순간
눈에서 귀에서 입술에서 튀는 스파크

너의 퇴근 시간은 다섯 시 오십 분
나의 출근 시간은 다섯 시 오십일 분

너는 점점 검어져 가는 산에서 잎을 버린 활엽수
나는 추위도 잠들지 못하는 초록의 침엽수

오십 분과 오십일 분의 경계에 마주 선 채
엇갈려 지나갈 순간을 기다리고 있다

서로 타고 갈 버스는 반대 방향
우리는 반대편에서 오히려 편안했다

까무룩한 시간

신화와 같은 아니 전설과 같은 시간의 터널 속에서
우린 동면의 자세를 취하기 시작했다

죽음과 삶 그 사이에 거미줄처럼 걸려 있는 코로나 19
너무나 특별한 에너지를 가진 바이러스는
천사도 악마도 아니었지

그는 불청객이었지만 실은 인류의 연장이었고
사람의 욕망이 만든 흉터 같은 것

그런 그가 넌지시 이런 메시지를 던진다

삶은 때로 죽음의 방식으로 발효시켜야 하지!

그는 팬데믹의 대재앙
우린 그 진앙에서 멀어지려고 너와 점점 멀어졌지
그리고 사람들의 입은 마스크란 금줄에 의해 철저하게 봉인되었지

하나의 왕관 같은 그의 표정에 치명적 왕관이 덧씌워지면
우린 금세 가까워지는 죽음이란 깊은 침묵의 방식으로
우주 한 켠에 밀정이 되고 말았지

문명의 폭력에게 서둘러 다가온 코로나 19는
변복한 저승사자인지도 모른다

반란을 읽다

 우주에서 달로 살던 달팽이가 어느 날 땅으로 사소한 죄로 유배 왔는데, 깜빡한 하늘이 약속한 날 원대복귀 시키지 않자, 몸에 단단한 뿔 솟았다 한다

 왜 빨리 날 데려가지 않느냐며 수차 시위농성도 했지만 늘 때가 되면, 때가 되면 하면서 하늘은 미루기에 급급했다 이에 배신감을 느낀 달팽이는 맘을 바꿔 먹기로 했다 그냥 지상의 달로 살자고 결심한다

 먹고 살기 위해서 가게를 열려 하자, 당장 금화 은화 같은 달빛이 필요했다 그날부터 달팽이는 지상의 모든 풀잎에 끈끈이 타액을 접착제로 발랐다 달빛이 하루살이처럼 들러붙어 금박으로 말라갈 때 달팽이의 곳간은 풀씨가 차곡차곡 쌓여갔다

 달팽이는 점점 달을 닮아갔으므로 하늘은 은근히 부아가 치밀었다 달빛을 손으로 확! 가려 버리며 원대복귀를 명했지만 이미 월광의 보법을 다 체득한 달팽이는 휘파람 불며 유유

자적 지구의 땅 위를 누비고 다닌다고 했다 허공을 향해 손사래 치면서,

   그 때문에 하늘은 요즘 달팽이 발자국에 묻은 달빛가루를 수거해 가느라, 더 분주하단다

나의 언어

시퍼런 햇살이 곁눈질한 자리

비명오열비명오열비명오열비명오열비명오
열비명오열비명오열비명오열비명오열

맨몸으로 드러눕지 않고는
해독되지 않는

그게 나의 언어다

제2부

동어반복

이용했고
사기쳤다
배신했다
모함했다
무시하고
업신여겼다
욕하고
흉봤다

어떻게 네가
이럴 수 있는 거지?

그런 네가
실은 나, 일 수도 있다

에스프레소

널 보고 쑵새끼라고 한 이유가 있지

왜? 아직 쑵새끼 축에도 못 끼니간

상종 못할 놈이라며 도망가면 그만이겠지만

그럼 난 원시 바다에 내리는 흙비인 거야

맨발로 서성거리며 네가

멋진 쑵새끼로 돌아올 날만 기다릴지 몰라

제발 내 눈동자 똑바로 쳐다봐!

지금 넌 성난 코뿔소 입김이 필요해

첼로가 뽑아준 그믐밤에 한번 푹 빠져봐

매너가 지겨워진 너에게

나 이젠 독충처럼 덤빌게

디오니소스

개그가 없으니
도시는
더 이상
도시가 아니다

후드득
새벽녘
내리는 비에
뒤가 부풀어 오른
암퇘지 한 마리 몰고 간다

맘 닫고
이웃집 수퇘지 울타리 속으로
암퇘지 밀어 넣고
슬그머니
등
돌린다

빗방울 연주회

통증이 쏟아진다

구름처럼 몰려드는 관중
박수 소리

내 발치는 나풀거리고

한번 찢어지게 울고 난 음악회는
빗속에 숨었다

나는 시계 분침을 빠르게 되돌렸다

젖어 있던 내 등은
박수 소리에 말라버렸다

에필로그

여관방에서
한 사내가
농약 들이킬 때
그 어머니는
고스톱을 친다
친구들과 자지러질 듯 웃는다
햇살은
마스크를 쓰고
창문턱에서
신음으로 뒹구는 사내를
멀거니
내려다본다
광보다 피를 좋아하는 어머니는
여전히 손이 바쁘고
수수방관인 창틀은
미끄럼틀이 없다
낭떠러지에 턱을 괸 채
스르르 감기는

아들의 눈에
어둠은
흰 마스크를
씌워준다

부부싸움

잘 건드리면 돈인데 잘못 건드리면 독이다
참 신기한 불길이다
져 주었다면 꽃인데 이기려 했으니 칼이다

꽃이 갑자기 시드는 말 한마디에 꽃술만 남는다
날 위하는 맘이라시면 보자기가 되고
날 죽이는 말이라시면 밧줄이다

부부의 발은 네 개가 아니고 세 개다
두 발이 하나로 묶인 탓이다

내가 넘어져도, 네가 넘어져도,
둘 다 넘어지고 마는 관계
서로 이기면 서로 지고,
서로 져 주면 모두 이기는
참으로 묘하게 감도는 기운이다

오늘의 나, 결국 당신 덕분입니다

그렇게 말해주기 시작하니

그의 단점도 조금씩 발효되는 장점들

외로움을 훔치다

얼굴 없는 당신 뒷모습

날개 무거워진 고추잠자리가
붉은 밑줄 긋는다

산 능선이 검은 정장을 차려입는 동안
헛기침도 없다, 노을은

오래된 나무의 옹이 속에 손을 밀어 넣는다
숙련된 소매치기처럼

외로움 훔쳐 골목으로 숨는다

귀뚜라미

어둠의 뇌관은
재봉틀 바늘 같은
추파다

슬슬 시린 발을 구를 때
손으로 밀어 넣는
헝겊에는
촘촘히 박히는 빛의 입자

멈출 수 없어
계속될 수밖에 없는
어제와 오늘과 내일

배양되는
촉수 끝에
내려놓는 박음질

불면

막장에 다다른 한 사람이
검게 타는 꽃이 되고 싶다고
종착역 긴 나무의자에
눈뜨고 누웠다

오지 않는 사람이 앉을 자리를
깎지 않는 손톱으로 후벼 파듯 긁는다

까맣게 손톱에 낀 겨울 강은
비늘 없는 꺽지의 눈빛으로
어두운 돌 틈에 들어
살얼음을 보여주기에 급급했다

아무도 망치를 들고 와서
꼼짝 않는 내 몸 내리치지 않았고
웃음은 바짝 뿌리까지
말라버렸다

물살에 흔들려 보드랍던 이끼들
막차 기다려도 오지 않는 이유가
솟구친 가시로
손톱 밑을 찔러왔다

검색

몸 안의 지도를 바꾸러 병원에 갔다

게릴라처럼 췌장에 생겨난 혹 도려내고
중환자실에 누웠다

입으로 말을 해도
아무도 관심 기울이지 않는 것으로 보아
입 밖으로 흘러가지 못한 말들이 떼어낸 장기들을
손짓으로 부르는 중환자실

나는 누워 스무하루를 견뎠다

창밖의 사람들은 목욕 가듯
커피 향 따라 커피를 마시러 가듯
하루하루가 즐거워 보였다

콘크리트 틈 사이로 핀 한 송이 풀꽃
휴대폰으로 찍어 전송해 올 때면

몸 안의 힘을 엄지와 검지에 모아
행복한 점심을 먹는 사람들

어깨 넘어 꽃을 클로즈업하면서
신이 숨어 있는 방을 샅샅이 뒤지곤 했다

다짐

어떤 기분을 자기 것이라 우기면
그만큼 우주의 중심에서 멀어지고
어떤 몰입이 피운 번개탄
재 쪽으로 기울면
그건 잘못 태어난 우주가
중심 잡으려는 헛기침
내뱉은 말과 글을 다 수거하지 못하고
출발점의 바람 속으로 돌아간다는 건
너를 향한 가장 잔인한 저항
나는 이미 누구의 풍경이 되었다가
땡볕 길가 나무 그늘이 되었다
내가 무심코 뱉어낸 말들이 발등에서 썩어갈 때
더 푸른 잎을 다음에는 꼭 피우겠다고
스스로에 건네는 다짐으로
오늘의 바닥을
늘어뜨린 그늘로 건너간다

행려(行旅)

아침에 갈아입고 나갔던 옷
저녁에 벗는데, 바람 소리가 났다

무꽃에 내려앉은 나비의 날개에서
우수수 떨어지는 살 가루

여름 건너온 나무가 잎을 내려놓는 소리
매미가 울기 위해 허물 벗는 소리

바람 소리는 몸을 떠나는 것이 아니라
몸 안으로 돌아오는 소리

나는 이제 잠옷으로 갈아입는다

이번에는
어둠 미끄러지는 소리 따라와
꿈속까지 들렸다

문득

통증이 빗줄기로 쏟아졌다. 갑작스러운 일이었다. 물안개 자욱한 8월 오후는 그리움이라는 배를 밀어 띄운 돛들이 염천에 매미 울음을 흔들고 있었다.

눈앞 옥수수수염은 언제나 나풀거리는 단발머리였다. 가로수 사이로 빠져나간 햇살이 진갈색 고요 앞에서 알알이 여문 속 함부로 드러내지 말라고 꼭꼭 안으로 여미기에 바빴다.

여름의 허벅지는 탱탱해질 대로 탱탱해졌다. 엊그제는 찾아가는 음악회에서 귀를 호강한 새들 수직으로 내리꽂히는 장대비를 피해, 잎 우거진 나무속에 다급히 숨는 걸 보았다.

젖어서 허공에 서 있던 나는 멍든 심장을 꺼낸 자리, 갈아 끼운 피를 데리고 초록 바다에 놀러 가고 싶어졌다.

비누 향이 아직 남아 있는 원피스를 입어보고 싶었다. 목백일홍 잔향을 찾아가는 향수 가게 앞을 지나가기도 하면서 앞가슴에 남아 있는 풀냄새로 풋풋해지고 싶었다.

내가 혼자였을 때 왜 헛헛해지는지 알 수 없었다. 빗줄기가 머리끝을 치고 엄지발가락으로 빠져나갈 때, 내가 아직 살아 있음을 직감적으로 알았다.

누구의 몫일까

지나간 달력을 밥상 삼아 펴놓고 늦은 아침을 먹는다

코딱지 같은 일상의 배후에도
철없이 꽃은 피었다 지고
굳이 그 이유 궁금하지 않을 때
몸의 가장 낮은 곳에서 일어나는 모래먼지

바위산이 돌이 되었다가 다시 모래가 될 때까지
꽃의 콧김에 줄달음치던 혈관

어린 산짐승의 발톱에 이르러
행여 살아오는 동안, 나 누구를 아프게 하지는 않았는지
입 안은 서걱거렸다

지나간 달력의 활자들은 군데군데 젖어 있고
일족인 바람이 데리러 올 때까지
달력 위 꼼짝 않는 컵라면 면발 하나 떨군 것이
누구였든 간에

이미 바닥을 점령한 너는 누구의 몫일까

너도, 나도 결국엔 일족인 바람이 데리러 오겠지만
누구의 몫도 아닌 얼룩은
운명과 숙명 사이에 남겨지고

소리 없이 핀 꽃의 바닥을 접는다

밥의 시

오랜 노동으로 등 굽은 사내들이
저녁을 먹는 허름한 식당에서

나는 형용사를 버렸다

거칠지만 가식 없는 밥맛이 좋았다

제3부

새우잠

할매들은 말이 없다
아침이면 시루의 콩나물처럼
빛을 쫓아 경로당에 모여들었다가
오후가 되면 뿔뿔이 사라진다
입들은 숨 쉬거나 밥 먹거나
대충 그런 용도다
종일 올 사람도 없는 돌담 아래
할매들 질경이처럼 앉아 있다
사용처 잃은 이빨들이
누군가를 기다리다
기다릴 것이 없어진 순간
절룩절룩 자러 가고 나면 골목은 깜깜
우수수 낙엽보다 먼저
허리 굽은 할매는
불 끄고 모로 눕는다

나는 아직 백매

꽃망울이 소리를 냅니다

내 몸은 오로지 촉수로만 이루어져 있다고
당신을 느끼고 싶다고
수천수만 청매 홍매 백매 흑매가
촉수를 켜 듭니다

오늘도 허공에 흔들리는 것은
꺼칠한 나무 당신의 체취

바람의 코는 물오른 나뭇가지 끝에서 쿵쿵댑니다

이 세상에 없는 게 당신인 걸 뻔히 알면서
오로지 당신을 위해 퇴화한 건 아닐까

진화되지 못한 돌무더기 여기저기
당신이 숨긴 쪽지라도 있을까
바람의 손을 빌려 뒤적입니다

그러고 보니 난 당신을 위해

아직도 톡톡 진화 중인 백매입니다

낮달

비탈길 폐지 싣고 오르는 할머니에게
전봇대 위에서 기다리던 비둘기
물똥을 쌌다

흥건한 이마의 땀을 닦는 할머니
일순간 얼굴이 일그러졌다

눈길 마주친
전봇대 위의 비둘기
꽃 한 송이 더 필요한가요?

물음에
할머니는 절로 웃고 말았다

똥과 꽃이 어우러진 비탈길
찡그렸던 할머니 입가에 걸린
참 환한 낮달

늦꽃

가을볕은 달빛을
더 멀리 밀어낸다

밀어낸다는 것은
당기는 것

슬픔은 기쁨보다
가장자리 더 야물다

장대비 몰려가고 난
그 자리에 배롱꽃
질기게도 핀다

일몰

땅에서 울고 있던 풀벌레
하늘에 들기 위해
촉수 흐린 별빛 삼킨다

반으로 접힌 우주가
밤과 낮을 번갈아 보여줄 때
해쓱해진 눈초리다

삼킨 날짜가 깊을수록
커다란 먹지 위를
저물녘 땅거미처럼 걸어간다

한 땀 한 땀 박음질 뒤
모서리 다려주는 노을이 있어
접혀 있던 하늘이 펴진다

두서없이 엉킨 길도
잘못 접어든 길도

잠드는 풀벌레 앞에서는
까맣게 지워진다

물의 보법

집은 본래 없는데도
집으로 가는
물의 보법을 본다

닿으려는 집은 어쩌면
수평선이거나 지평선은 아닐 것이다

그걸 알려주는 건
물 위에 뜬, 구름이다

어둠 속을 지나온 강물처럼
한 뼘 더 길어지는 빛

곧 터트릴 암막 속
카메라 렌즈 필터 앞에서
한 번에 터질 마지막 물

소금쟁이마저도

나그네로 머물게 하는
수상가옥이 된다

가을을 수선하다

귀뚜라미 더듬이는 실 감긴 북
입추는 재봉틀이다

바삐 움직이는 바늘에 걸려 내려오는 달빛

요리조리 움직이는 손은
관계의 넝쿨들을
도화선인 양 당긴다

여기저기 어둠에 뇌관을 심는다

지친 어둠을 밟고 일어서면서
끊임없이 산란하는 빛

촉수 민감해진 귀뚜라미
울음 뚝뚝 끊긴다

겨울 화가

겨울 산 홀로 서 있는 자작나무를
화가는 절규 속에 그려 넣습니다
뭉크처럼

초록이 초록을 떠밀다가
잎을 다 지운 자작나무는
눈옷을 입어도 춥지 않습니다

뿌리에 감춰둔 열정이 있어
공중을 가로질러 날아가는 새들에게 오늘도
손 흔들어 주는 일로 자작나무는

입속에 서걱거리는 눈덩이를 밀어 넣습니다

자작나무를 그린 그대가 있어
추위가 머물던 자리는
움푹합니다

수밭골
— 새집 짓고, 제비 들고

할머니들이 기른 채소 쪼그려 앉아 팔고 있는 동네
어딘가에 무릉이 있으니, 도원인 여기
1065번지에다 집 한 채 짓는다

집이 완공되는 동안
처마 밑엔 덩달아 제비도 집을 지었다

다리 밑 휘돌아 흐르는 실개천이 눈물을 씻어주는 곳
짹짹거리는 제비 새끼들이 몸집을 키워 갈 때
번잡한 도심을 피해 잠시 스며든 행인들은 앞다투어
주둥이 벌리는 노란 표정을 만나러 찾아든다

카페 〈라포엠〉은 그렇게 지어졌다

경상도 사투리가 정겨운 마을로 날아든 제비
때가 되면 예감처럼 떠날 것을 알면서도
그 집에 게으름 내려놓은 나는 머물게 되리라

허기를 채운 제비가 연신 누는 똥을
아무렇지도 않게 치우는 일로

달맞이꽃

햇빛을 가릴 양산이 없어
어둠에서 나와 어둠으로 돌아가는 골목길
뒷굽 높은 구두를 신은 여자는
달빛에 피는 꽃의 얼굴이다
몸 바깥으로 솟구친 미세한 가시의 떨림에
낮과 밤을 구분하는 감지 능력은
나방의 무게와 눈먼 박쥐의 무게를
단번에 알아차릴 수도 있다고 했다
어둠 속에 등불 하나 켜두고 기다리는 시간
먼 길 지치도록 걸어온 갈증의 무게
술 한 잔 따르는 흰 손결은
어둠 건딘 새벽 빛깔이어서
집으로 돌아가는 길은
비탈이어도 숨차지 않았다
낮에 자둔 잠으로 밤을 견디고
다소곳이 고개 드는 향기 없는 꽃이여
손 뻗어 닿으려 해도 닿지 않는 꽃이여
멀지 않아서 먼 것 같은 어둠 속에서

철썩거리는 월포리 바닷가 달맞이꽃들은
아침이 되자 모두 눈감고
모래의 온도를 재고 있다

가을 반경

잎 다 내려놓은 나무 곁에서
분수는 왜, 솟구치나
목메는 가슴을 왜, 쥐어뜯나
고통의 껍질을 뚫고
알맹이는 다 어디론가 가버리고
껍질들만 남아
나무의 반경을 지키는 가을
손에는 거울을 들고
누구도 빗겨주지 않는 머리털로
풀들은 제멋대로 흩어져 있다
아직 남은 심장의 숨소리가 있어
살아봐야겠다고 빗장을 걸지만
눈 감아도 뜬 별이 너무 많아
이리저리 낙엽 끌어모아
덮는 가을의 발등
바람 빠진 풍선처럼 시리다

푹신한 모성

씹고 또 씹어서 제 몸 안에 밀어 넣지 않고

노란 주둥이 어린 새에게 먹이 건네는 어미 새가

한때 내 꿈이었다는 걸 누가 알까

지금이 있기까지 참고 견디며 쏟아내던 합창

아침에 지저귀는 새의 말을 나는 또 받아 적는다

신춘을 읽다

하루 한 끼는 시를 먹으며 아침 풍경을 본다
좋아하는 시집을 완독하듯
새해 아침 시를 따라 걷다가 길의 표정을 살핀다
컥컥 가슴이 막힐 듯 쏟아내는 민망한 눈물에도
눈꽃 피는 걸 보니
내 안에 들어온 시는
종의 안쪽을 두드리는 둔탁한 몸짓으로
막막한 세상을 향해 청아한 목청
점자로 찍힌 종이를 뱉어내고 있다
마술사의 혀 밑에서 찍혀질 활자들
돌고 도는 아가의 옹알이가
어느 날 사는 게 절박한 그대에게로 가서
복 많이 받으라는 인사가 된다
신춘에 당선된 시를 해마다 읽을 때마다
올해의 가장 맛난 음식을 기다렸다는 듯
나의 혀는 어두운 숲속으로 종소리를 물어 나른다
절망이 배가 되면 기쁨이 되기도 하고
넘치는 기쁨을 쓸어 담아둔 곳에서

꽃이 피기도 하는
나의 마술은 시작된다

오사카

십이월이 오면 매화를 생각한다

잃었던 길을 기억한다
도원리 풍경 소리도 가물거린다

우울감에 사로잡힌 채
다 놓아버린 십 년 전의 초록이
아파 보인다

꽃봉오리 언 옥매화
그대 얼굴처럼 측은해 보인다

전생의 연인처럼
꿈속의 꿈
꿈 밖의 꿈같은 사람으로
첫눈 오는 대문 밖을
고드름 얼굴로 서성인다

제4부

뜨거운 손
―화가 김길후에게

거룩한 힘이 손에서 나오는 걸 봅니다. 어둡던 내 삶이 다 독여지듯, 감전 따위를 모르던 곰 같은 내 손은, 지층 아래서 솟구쳐 오릅니다. 하늘까지 한 호흡에 닿을 듯, 쑥쑥 자라나는 식물 같은 손. 몇 번이나 주저하며 여기까지 오는 11월은, 명태껍질 같은 할머니 손에 쥐어진 주름 많은 사과를 봅니다. 의자인가? 싶어 걸쳐 앉고 보니 11월의 그늘입니다. 영혼의 볼모가 된 화가는 물질적인 혼탁함 속에서 붓을 들고 누군가의 시를 검은 물감으로 지우고 또 지웁니다. 이게 화가의 침묵 방식일까요? 검어서 살아있다고 믿는 시간이 점차 두터워지면서 수없이 긁힌 상처를 남깁니다. 선은 여백을 만나 미동을 잃어도 좋았습니다. 완곡의 흐름은 주저함 없는 호흡인가요? 검고 푸른 바다가 내 발밑에서 출렁이다, 용오름처럼 그대 화폭 속에 작열합니다.

피고 지고

이틀째 발라드풍으로 내리던 비가
사흘째 트로트풍으로 바뀐다

반나절은 붉은 여우비로 내렸고
한나절은 연분홍 꽃비로 내렸다

꽃이 채 피기도 전에 사월의 꽃망울이
액자 속 어느 화가의 모작처럼 투명한 입술을 포갠다

빗방울은 후두둑 저만치 건너다보이는
월광수변공원 뒷산을 오른다
꽃비가 꽃자리를 아쉬워하듯
진달래를 꺾어다가 쓸쓸한 왼쪽을 메운다

이렇게 징하게 며칠 동안 붉은 꽃비로 오시는 엄니
수시로 오시지 않고 붉게만 오시니
그저 뒤따르는 초록은 불안하기만 하다

매 순간 밀려왔다 빠져나가는 수변 물빛은
함께 데려갈 수 없는 꽃잎들을
물가로, 물가로 떠밀고 있다

윤슬을 꼭 닮은 밤입니다

3월 끝자락 강 저쪽에서
무엇을 닮으려고 버들강아지는 돋아
강 이쪽으로 청둥오리 떼를 날리는 건지

깃드는 버드나무 그림자 간질이는 윤슬
꽁꽁 얼어붙었던 나뭇가지마다 걸려
그대도 흐르고 나도 흐른다

유전자 같은 강물 앞에서
우리는 함께 흐를 수 있다

인연의 사슬 앞에서
생애의 첫 열정을 보았다고
열정이 마지막 문을 열었다고
버들강아지가 하는 말을 입으로 옮긴다

바람이 건네는 축하를 몸으로 읽었더니
얼었던 겨울 강이 이제야 참았던 숨을 토해내듯

물 위에 햇살이 쓴 시 앞에서
오랜 공복 뒤에 오는 포말을 향해
너는 나에게 나는 너에게 방생되는 자유를 본다

마지막 열정일수록 더 뜨겁다는 사실에
떼 지어 우리가 풀어놓은 물고기들
깊은 물속을 줄달음친다

부부의 밥상

세 개의 다리에 차려진 밥상
어둠 속에서도 너와 나는 밥을 먹는다
신혼에는 밥보다 더
신기한 불길이 있어, 뒤로 밀쳐놓던 밥상
돈다발을 안겨주지 않는다고
크리스털 꽃병 물 갈아 주지 않는다고
투정 부리다 넘어뜨린 밥상
보자기와 밧줄을 두고 언쟁을 벌이던 밥상
넘어뜨리기에 급급하다 넘어진
서로를 안아 일으켜주는 밥상
네 개의 다리이어야 안전할 줄 알았던 밥상이
어느 날부터인가
세 개여도 전혀 모자람이 없다
늘 한 손은
서로의 기울어짐을 떠받쳐주는 밥상
씹는 밥을 함께 마주 보는 밥상

사막

임종 직전 바라본 엄마의 뒤꿈치는
사막이었다

직립의 시간에 눌려 내 발을 감추다가
바라보지 못한 엄마의 발
눈물 잔뜩 머금고서야 본다

몸 안의 눈물이 다 빠져나간
당신 생, 이면을 본다

메마른 뒤꿈치는 한때 봄을 가둔 바다였지

십 남매를 길러내느라
장화 속 철벅거리던 뒤꿈치

사막 길 건너
또 어떤 물길에 들까

쓸쓸한 마을

1
깊은 우물을 들여다보다가
저승이 캄캄하다는 걸 알았다

입에서 소주병 떼지 않는, 눈빛 퀭한 사내는
아침부터 쌍욕이다
무서워진 나는 밤고양이처럼
소읍의 신작로를 맨발로 살금살금 걸어갔다

자전거 바퀴에 자주 끼이던 웃음
구겨 던진 기억 속 우물을 가진 가시내는
기어코 그 우물에 빠져 죽었다

사내도 가시내도 사라진 덕분에
마을의 아이들은
혼자서도 어른이 되었다

2

바랄 게 없는 가슴에도 서둘러 바다는 다가와
구름 삼킨 꽃을 염주인 듯
풍경 속에 굴려 넣었다

우물가의 앵두나무는
더 이상 앵두 알을 키우지 못해
빛줄기를 이리저리 꼬아 만든 밧줄
두레박을 던져 넣었다

무엇 때문에 태어나 나는 아직 살고 있는지를
많은 세월이 흐른 뒤 맨발로 돌아와
우물에게 묻는다

우물의 외벽은 노숙인 호주머니처럼 헐렁해졌다

두레박으로 물 긷는 소리 사라진 지 오래
지금 들여다보는 낮달은
아직도 사춘기에 머문 채

꿈쩍도 않는다

깊이를 알 수 없는
우물처럼 나도 깊어졌다

보이지 않는 유산

1
봄 산에 가면 지천인 어린 풀들
여름의 집에서 데리고 나온 소들

인정의 바닥까지 맑은 마을
우물가 모여 피우는 이야기꽃은 모두
따먹고 또 따먹어도 배가 부르지 않는 꽃들

바가지로 떠낸 물이 시루에서 줄줄 흘러
소박해질 대로 소박해진 소녀들

콩나물처럼 쑥쑥 자라나는 마을

2
엄마의 꺾인 손가락에는 도화가 만발
흙담 밑으로 줄지어 선 봉숭아
들락날락 어미 제비들이
새끼들에게 날라주는 먹이를 보며

해마다 덧씌우는 초가지붕처럼 엄마의 모습은
아리도록 깊었다
남자들이 할 일도 눈물로 잘근잘근 씹어
엄마는 마다하지 않았으나, 한 번도
마을을 원망한 적 없다
그런 헌신적인 사랑에
아무 탈 없이 자라난 십 남매들
산이 흐르고, 구름이 흐르고
꽃이 되어 흐르고

3
물로 흘러든 내 몸에도
엄마는 노래가 되고, 춤이 되고
심지어는 손가락에 물려준 재주들
그러니까, 아무것도 아닌 것 같았던 나를
비추며 흐르는 계곡물
하품하는 강아지풀을 만난다 해도
무릉 동네 매미 울음이

내 몸 어디쯤 집 지은 걸 알겠다
나의 어머니 그 어머니의 어머니를 키워낸 마을이
끝나지 않는 술래를 숨겨
또 어린 것들을 키운다

풀벌레 우는 밤

초록아! 부르며 달이 차오른다

내 맘에서 그 맘 사이에
쓸쓸한 은빛을 부풀리고 부풀리다가
더듬이로 별을 건드리고 만 풀벌레는
내 마음에서 그대 마음으로
초록 달빛을 운반하는 중이다

이승의 수레가 무거운 걸 알기에
가을 정령이 되어 초록으로 물든 가슴을
날개 사이로 밀어 넣는 풀벌레

나는 가도 너는 남아서
쩌렁쩌렁 비워내던 가슴의 소리를 기억해 달라는 듯
허락한 시간만큼 차오르는 달의 몸짓

온몸 살 가루를 털어내어
빛의 다리를 놓는 풀벌레

초록이 어디서 차올라서 어디로 가는지를
목청으로 알려줄 뿐

빈집에서 울다

푸른 젖니 몇 개 매단
감나무 한 그루
오소소 떨고 있는 빈집에 와서
구름은 한참을 머물다 간다

햇살 아래
풀은 마른 휘파람 불고
산수유는 종일 노랗게 울었다

훤해진 풍경 아래 바람은 나를 지우며
너의 슬픔은 슬픔도 아니라 한다

흐느끼는 구름은
들판 복사꽃 끌고 빈집에 와서
울기 직전의 나를
치열한 생존의 놀이터로
소리 없이 데려간다

느티나무 나이테

혼자 쏟아진 구슬처럼 뛰어놀던
느티나무 아래서
아이가 바람을 읽는다

태엽처럼 목을 돌려놓은 장수풍뎅이를
어둑한 등산로에
중년의 사내로 세워놓았구나

바람 든 느티나무 아래서
고장 난 손목시계를 맞춘다

바람이 할퀸 만큼
발바닥 딱딱해진 느티나무는
오늘도 등을 땅바닥에 대고
하나 더 나이테를 그린다

화가는 봄 속에 꽃을 숨겨놓는다
―권기철 화가에게

화가의 그림을 보다가 내가 그림이 될 때
돌던 피는 꽃으로 피어난다

열정을 고스란히 바친 나쁜 사랑이 끝났을 때도
독한 술 한 잔으로 피를 바꾸고 싶은 날에도
화가의 생은 추상이 되어 내게 왔다

내 안에 돋는 소름은 꽃숭어리 통증 같아서
그림은 질문 외에 답은 없으므로
벌레로 머릴 비집고 들어오는 피의 확장

무엇으로 문질러도 쉬 삭지 않던 붉은 통증의 자리
초록과 진노랑을 데리고 온 봄은
내 삶 전체를 살구꽃 닮아가게 했다

백일의 사랑에 슬픈 눈은 알전구를 달고
나는 그림 속 추상의 나무를 오른다
눈두덩에 짙은 화장을 하던 꽃들

죄다 뿌리 속에 숨어버려도 자라나는 손톱을 깎는다

맨발로 다가와 내게 고백할 봄
입덧 같은 희망을 화폭에 남긴다

시현이네 집

꽃숭어리가 베고 잠든
별나무 가지 위에
연초록 이파리 동생 시하가
태어났어요

많이많이 잠만 자는 게
진짜 신기한지
눈을 한쪽으로 꼭 모으고
시현이는 오래오래
발아래 엎드려 훔쳐봐요

얼른얼른 엄마 젖을 먹고
빨리빨리 풍선처럼 커지기를
기다리나 봐요

동생 얼굴 사탕처럼 달달할까
손끝으로 톡 건드려 보는 시현이는
매일매일 신났어요

뿔테안경 할머니 눈가에도

뭉게뭉게

웃음꽃 피어요

비, 벼랑을 두려워 않는

이 남녘의 늦은 저녁에
어딘가로부터 달려온 빗소리가 동창에 파고들어 온다

긴 담장 타 넘다가 넘어진 빗소리가
겨울비인 듯 봄비인 듯
살 터진 과수나무에 와서
굳은 몸을 흔들어 그리움을 피워댄다

내 안에서 유혹하는 빛깔로
너를 노릇노릇 익혀가는 동안
탈 때까지 익어가던 내 안의 작은 그리움

어딘가에서 두 팔 벌리고 있는
큰 그리움 쪽으로
거기가 땅끝일 수도
생의 마지막 벼랑일 수도 있는데

놀란 눈

청노루 한 마리 냅다 달아난다
아니 달려간다

율려(律呂)

해, 달, 별, 꽃
그게
환한 건
세상이 검은 탓
지구가
먼지 되는 날까지
한 인간의
기도가 필요해
너도, 나도
환해질
노래를 들려줘

해설

써라, 춤추고 노래하듯이

신상조(문학평론가)

　열 살 때 학교를 그만두고 남는 시간에 인적이 없는 숲속으로, 해변으로 뛰어가 나체로 춤을 춘 여자. 바다와 바람, 어머니가 피아노로 들려주던 음악, 셸리의 미모사, 꽃의 개화, 벌들의 비행, 오렌지와 캘리포니아, 양귀비의 자유분방하고 찬란한 금빛을 찬양한 여자…. 이상은 맨발의 댄서인 이사도라 던컨을 설명할 때 곧잘 동원되는 구절들이다. 토슈즈와 튀튀를 벗어던지고 고대 그리스의 튜닉을 걸친 채 맨발로 춤을 추는 이사도라의 모습은 행위예술가로서의 이유선 시인과 겹친다. 시인 역시 튜닉 차림에 맨발로 공연하기를 즐기고, 어떤 퍼포먼스를 보여줄지 예측할 수 없다는 점에서 자유로운 영혼의 소유자다. 시인의 공연은 흔히 보는 사람의 영혼에 생채

기를 낼 정도로 강렬하다. 이 글은 그러한 행위예술가로서의 시인으로부터 자유롭지 못한 글이 될 가능성이 크다. 행위예술로서의 육체성은 이 글에 침투하고 간섭하고 굴절하고 회절할 것이다. 행위예술이 언어로 표현하기 이전에 인간이 행했던 원초적인 언어에 가깝다면, 시적 언어는 언어가 잃어버린 육체성을 복원하려 한다. 주체의 정념이 일방적으로 투사되는 게 행위예술이라면, 시적 언어는 사물의 감각으로서 주체의 정념을 대신한다. 육체가 무엇에 의해 움직이는 '무엇'이라면, 언어는 무엇을 움직이게 만드는 '무엇'이다. 비틀고 도약하는 육체에 맞닿은 인식으로서의 언어, 이 둘의 상호 침투와 간섭과 굴절과 회절이 이유선의 시다. 그런즉 이유선의 시에 야생이 살아 꿈틀거릴 수밖에 없음은 필연적이다.

> 섬처럼 서 있는 가시나무가 코뿔소를 혈육인 듯 본다
>
> 맹수의 귓구멍에서 울리는 빙하의 숨소리
> 모든 걸 풍경으로 만들어 버리기 위해 이름을 버린
> 모래가
> 모래를 덮어준다
>
> 사바나 사바나
> 순종을 허락하지 않는, 섬 하나

발목이 가는 흑인 여자

눈곱 낀 동공에 고인 푸른 멜로디

검은 노래

윙윙거리는 초파리 속에서 한 달째 굶고 있는 사자가

쩍 벌려 삼키는 노을

사바나 사바나

착암기 맹수의 송곳니

죽음이 이내 살림으로,

힘센 턱뼈의 순서대로, 허기를 채우고 가는 곳

저 장대한 힘의 물결에 떠밀린 사랑이

무한한 번식이, 무한의 꿈이, 무한이

—「사바나」 전문

  '사바나'는 긴 건기(乾期)로 인해 나무가 자라지 못하는 동아프리카의 특정 지역을 가리키는 지명이었으나, 현재는 비슷한 경관을 가진 열대 초원을 일컫는 일반명사가 되었다. 해서인지 3연과 6연에서 반복적으로 호명하는 "사바나 사바나"는 특정 지명이라기보다 화자가 희구하는 '야성의 풍경'을 대신하는 이름으로 다가온다. 화자의 목소리가 "순종을 허락하지 않는" 야생의 세계와 "눈곱 낀 동공에 고인 푸른 멜로디"로 노래 부르는 인간, 이 둘 사이를 중재하는 주술사의 주문처럼 들리는 이유도 이러한 느낌에서 비롯할 터이다.

  시는 섬처럼 외따로이 서 있는 가시나무가 코뿔소에게 근친의 감정을 갖는 데서부터 시작한다. 전반부에서 가시나무→코뿔소→맹수의 귓구멍→빙하의 숨소리로 이어지던 열대 초원의 이미지가 그 모두를 덮어버리는 불모의 '모래'로 마무리된다면, 시의 후반부는 흑인 여자의 검은 노래인 공감각적 심상과 한 달째 굶고 있는 사자가 입을 벌려 삼키는 노을이라는 시각적 심상을 배경으로 한다. 날것이 살아 숨 쉬는 이 일련의 이미지들은 맹수의 힘센 턱뼈가 환기하는 허기와 사냥과 번식의 무한한 물결, 무한의 꿈, 무한 자체로서의 무한으로 이어지는 연쇄적 성격을 띤다. 시에서 펼쳐지는 야생의 열대 초원은, 아득한 시원을 연상케 하는 빙하기와 만물이 모래인 무(無)로 돌아가는 머나먼 미래가 공존하는 것이다. 종적 기준에서 야생의 초원이 그러하다면, 횡적 차원에서는 맹수의 송곳니에 짓이겨지는 죽음이 허기를 채우는 살림이듯, 사랑과 번식과 꿈이 구분되지 않는다. '사바나'를 통해 시인이 상상하고 희구하는 '야생'은 다음 시에서 '원시'라는 이름으로 반복된다.

지금 필요해

낙엽처럼 뒹구는 지폐가 필요해

진한 가슴 들뜨게 하는

물질의 작당도 꽃이 되지 못한 공허한 웃음도

원시가 필요해

초원을 노니는 얼룩말

부어오른 엉덩짝

그 위로 날아오르는 저녁

까마귀 떼가 더 필요해

잔인하지 않게

한 줌 풀섶귀를 뜯어놓고

어느 부족장의 딸이 되어 피운 불꽃에

무릎이 뜨거워져도 필요해

누구도 사랑 고백하지 않아도

혼자 출렁거리는

우울이 필요해

—「어깨춤이 필요해」전문

"낙엽처럼 뒹구는 지폐가 필요"하다는 말은 지폐와 낙엽을 동일시하면서 '지폐가 필요하지 않다'는 의미의 반어적 표현이다. 김광균이 「추일 서정」에서 낙엽을 폴란드 망명 정부의 지폐에 비유한 것처럼, 이유선의 시에서 지폐는 망명 정부의 지폐이거나 거리에 나뒹구는 낙엽처럼 귀찮고 하찮은 사물에 불과하다. 반면 필요한 것은 생식기가 부어오른 얼룩말과 저녁 하늘로 날아오르는 까마귀 떼, 푸성귀와 모닥불과 부족장의 딸, 그리고 이 모두를 함의하는 원시적 삶이다. 예컨대 '원숭이 엉덩이는 빨개'라는 식의 표현은 교미할 준비가 되었음을 수컷에게 알리는 암컷의 신호로, 인간의 성적 욕망과는 거리가 먼 자연 그대로의 본성을 의미한다. 여기에 더해 인간들에게 부정적 존재로 대접받는 까마귀 떼의 외로움과 누구에게도 사랑받지 못하는 인간의 우울이 필요하다고 화자는 거듭 강조한다. 이 모든 '필요함'은 호모 사피엔스 사피엔스가 필요로 하는 사회적 협력과 보편적 질서 내의 모든 가치를 거부한다는 특징을 갖는다.

해방과 자유를 갈망하는 야생성과 관련해서 주목할 부분은 '어깨춤이 필요해'라는 제목이다. 이는 "너도, 나도/환해질/노래를 들려"(「율려(律呂)」)달라는 요청과 통하는 것으로, 적극적으로 특별한 의미를 적응시키는 언어의 유표성(有標性)이라든가 의미론적 내용의 맥락으로 이루어진 상징체계로부터의 구속에서부터 자유로워질 필요가 있다는 요청이다. 특히 제목에서의 '어깨춤'이란 교묘한 기계적 움직임을 만들어내는 인위적 무용, 즉 보여주려는 목적의 공연예술과는 거리가 먼 육체의 자족적 움직임이다. '독무-군무-가무' 그 어디에도 속하지 않는 이 몸동작은 소박하면서도 충동적인 인간의 행위

그 자체인 것이다. 그리고 이러한 '지나침'이나 '인위성'에 대한 거부는 이유선 시의 목적으로 작용하는 느낌이다. 다음은 시인의 예술관을 짐작하게 하는 시편들이다.

> 오랜 노동으로 등 굽은 사내들이
> 저녁을 먹는 허름한 식당에서
>
> 나는 형용사를 버렸다
>
> 거칠지만 가식 없는 밥맛이 좋았다
> ―「밥의 시」 전문

> 시퍼런 햇살이 곁눈질한 자리
>
> 비명오열비명오열비명오열비명오열비명오열
> 비명오열비명오열비명오열
>
> 맨몸으로 드러눕지 않고는
> 해독되지 않는
>
> 그게 나의 언어다
> ―「나의 언어」 전문

"맨몸으로 드러눕지 않고는/해독되지 않는" 언어로 쓴 시는 현란한 언어의 성찬 따위를 알지 못한다. "자갈밭에 떨어"진 낙과가 "돌 위에 찧은 이마"이다가 마침내 "바닥에 항거"하면서 "내미는 초록의 혀"(「낙과」)로 생장하듯이, 이유선의 언어는 '틈새'를 여는 저항에 적합하다. 시인은 「밥의 시」에서 자신의 시가 오랜 노동으로 등이 굽은 사내들이 먹는 밥처럼 거칠다고 고백한다. 주체나 대상의 상태나 모양을 나타내는 '형용사'를 버렸다는 건, 시를 아름답게 꾸미지 않겠다는 의지에 다름 아니다. 또한 「나의 언어」에서는 비명과 오열이 띄어쓰기의 여유조차 갖지 못한 채 촉급하게 나열된다. '비명'과 '오열'은 실상 주체의 상태나 성질 그 자체이므로 '형용사'를 버렸다는 건 현실의 모짊과 가파로움을 회피하지 않고 부딪치겠다는 의미이기도 하다. 요컨대 우아한 태도로 고상을 떨어대거나 수사적 조립품과도 같은 시를 쓰지 않으려는 시인의 태도는 "오랜 노동으로 등 굽은 사내들"과 같은 시적 대상들을 발견하고 주목한 것과 무관하지 않다. 시인은 일상에서 만나는 인간 군상들에 대해서 자각하는 기회를 가졌고, 이러한 시인의 의식은 바로 창작으로 이어진다.

    파리의 샹제리제 거리를 걷는데
    서문시장 아낙네들이 채소를 팔고 있다

크리스마스트리와 전등이 상추와 양파로 펼쳐진 노전
바티칸 성당 284개의 원통 기둥도
어설픈 지푸라기에 묶인 대파였다
영혼도 신앙도 배고플 수 있다는
먼 과거 먼 나라의 유물들도
박물관 루브르에 모여
인류애로 지핀 따뜻한 모닥불 위에서
쪼그려 앉은 아낙네가 마시는 커피
추위가 녹아 믹스커피 달달해질 때
간간 찾아드는 손님들은
팔리지 않아서 더 추운 채소 가격을 묻는다
너무 가까워서 보지 못했던 사랑의 값어치도
비에 젖어 추워진 몸뚱이일 때
나는 마치 물방울 뽀글거리기를 멈춘
어항 속의 물고기처럼 턱턱 막히는 숨
큰 것과 작은 것의 의미에 얽매이다가
말 다르고 몸짓 다른 이국에 와서
외로움 또한 소중한 가치임을 알았다
파리는 거기에 있고 나는 파리에 있으니
서문시장 아주머니는 벌써
바티칸 성당 종탑 위로
때 묻은 전대 벗고

털빛 고운 비둘기로 날고 있다
　　　　　─「한 번쯤 먼 거리에서」 전문

　인용한 시는 "너무 가까워서 보지 못했던" 것들을 새롭게 발견한 시인의 경험을 들려준다. 화자는 현재 "말 다르고 몸짓 다른" 이들로 가득한 파리의 샹제리제 거리를 걷는 중이다. 그런데 화자의 눈에 비친 낯선 이국의 풍경은 두고 온 낯익은 일상적 공간을 그대로 재현해놓은 듯싶다. 파리의 거리에서 팔리는 크리스마스트리와 전등은 한국의 노전에서 상인들이 놓고 파는 상추와 양파이고, 바티칸 성당 284개의 원통 기둥은 새끼로 어설프게 묶인 대파다. 크리스마스를 앞둔 파리의 풍경과 먼 과거 먼 나라의 유물인 바티칸 성당이라든가 루브르 박물관이 한국의 길거리 노전이라는 보조관념으로 비유되는 것이다. 이러한 은유의 과정을 도식적으로 따라간다면 서문시장 아주머니가 털빛 고운 비둘기라는 인식에 도달하게 되고, 비에 젖어 추워진 몸뚱이가 바로 '사랑의 값어치'이고 외로움이 '소중한 가치'라는 새로운 인식의 장으로 이어지고 있음을 알 수 있다. 은유적 상상력을 통해 파리에 있는 화자가 서문시장을 비롯한 '이곳' 사람들에 대해 부르는 송가는, 독자의 마음을 쓰다듬어주면서 삶의 의욕을 돋우어준다. 지상에서의 고통과 어려움을 이겨내고 가난 가운데서도 꿋꿋하게 살아가는 이들의 삶이야말로 '사랑의 값어치'이자 '소중한 가치'이기 때문이다.

"아침이면 시루의 콩나물처럼/빛을 쫓아 경로당에 모여들었다가/오후가 되면 뿔뿔이 사라"지는 "할매들"(「새우잠」), 여관방에서 아들이 "농약 들이킬 때" 친구들과 자지러질 듯 웃으며 고스톱을 치는 "그 어머니"(「에필로그」), "종착역 긴 나무의자에/눈뜨고 누"운 "막장에 다다른 한 사람"(「불면」), "오랜 노동으로 등 굽은 사내들"(「밥의 시」), "비탈길 폐지 싣고 오르는 할머니"(「낮달」), "입에서 소주병 떼지 않는, 눈빛 퀭한 사내"(「쓸쓸한 마을」) 등, 시인이 일상에서 만나는 인간 군상은 가파른 세상살이를 환기하기에 충분한 사람들이다. 그렇더라도 다음 시는 자칫 감상으로 흐를 위험성이 있는 인간 군상에 대한 시인의 비극적 인식을 부질없이 과장하지 않는다.

이것도 저것도 아니고 아무것도 아닌, 그 무엇도 아닌

로맨티스트도, 사회주의자도, 허무주의자도, 무골호인도, 외톨박이도, 불한당도, 한량도, 낭인도, 걸인도, 나그네도, 오입쟁이도, 난봉꾼도, 술주정뱅이도, 약장수도, 만담꾼도, 수행자도, 혁명가도, 몽상가도, 사회운동가도, 영웅도, 호걸도, 폐인도, 조폭도, 건달도, 백수도, 예술가도 아닌

마냥 기다린다, 그냥 기다린다, 너무 외로워 혼자 운다,

아무에게도 들키지 않고,

그저 그렇게 산다

―「잡놈」 전문

'잡놈'이란, 우리 주변에서 비근하고 익숙한 존재로 "그저 그렇게" 살아가는 인간 군상을 싸잡아 가리키는 이름이다. 이용하고 사기 치고 배신하고 모함하고 무시하고 업신여기고 욕하고 흉보며 살아가는, 그리움과 외로움에 몸부림치며 살아가는 그렇고 "그런 네가/실은 나, 일 수도 있"(「동어반복」)음이라고 시인은 노래한다. 숱한 타자들로부터 발견하는 이면적 '나'는 세상살이의 경험을 통해 도달한 이유선 시의 또 다른 경지다. 그리하여 덧붙이자면 "너도, 나도 결국엔 일족인 바람이 데리러"(「누구의 몫일까」) 올 뿐이라는 존재적 인식은 눈물 머금은 눈으로 "당신 생, 이면"(「사막」)을 봄으로써 "무엇 때문에 태어나 나는 아직 살고 있는지를"(「쓸쓸한 마을」) 질문하는 일과 통한다.

임종 직전 바라본 엄마의 뒤꿈치는
사막이었다

직립의 시간에 눌려 내 발을 감추다가

바라보지 못한 엄마의 발
눈물 잔뜩 머금고서야 본다

몸 안의 눈물이 다 빠져나간
당신 생, 이면을 본다

메마른 뒤꿈치는 한때 봄을 가둔 바다였지

십 남매를 길러내느라
장화 속 철벅거리던 뒤꿈치

사막 길 건너
또 어떤 물길에 들까

—「사막」 전문

　인용한 시는 「푹신한 모성」과 내용에서나 실제에 있어서 근친 관계다. 임종 직전 바라본 엄마의 뒤꿈치가 사막이었다는 표현은 노모의 마르고 갈라진 발을 묘사한다. 동시에 이 '발'은 한때는 봄을 가둔 바다처럼 생기 넘치는 발이었고, 또한 십 남매를 길러내느라 장화 속에서 오랫동안 노동한 발이었으며, 현재는 자식들을 위해 흘린 눈물로 인해 몸 안의 물기마저 모조리 빠져나가 버린 허울로서의 육신을 상징한다. 이

'모성'이라는 모티프는 마치 후렴처럼 시인의 삶에서 되풀이 되는데, "씹고 또 씹어서 제 몸 안에 밀어 넣지 않고//노란 주둥이 어린 새에게 먹이 건네는 어미 새가//한때 내 꿈"(「푹신한 모성」)이었노라는 고백으로 드러난다. 무엇보다 "직립의 시간에 눌려 내 발을 감추다가/바라보지 못한 엄마의 발"이라는 대목에서는 부모에게서 자식에게로 흐를 수밖에 없는 내리사랑의 순리와, 모성을 아낌없이 쏟아부은 부모에게 자식으로서 가지는 회한의 정을 보여준다. 현생이라는 '사막'을 건너 다음 생에는 "또 어떤 물길에 들까"라는 시인의 질문은 모성이 누대에 걸쳐 되풀이됨을 의미한다. 그런 맥락에서 「사막」은 앞서 「쓸쓸한 마을」에서 있었던 질문에 대한 답이라고 할 수 있다. 「사막」과 「푹신한 모성」은 '모성'이라는 모티프를 통해 여성의 근본적 삶을 반추하는 순도 높은 서정시다.

1
일요일은 거꾸로 해도 일요일이니까
죽자고 달려드는
저 벽장 안 우울증과 치통
누가 저 문 좀, 입 좀 닫아주세요

2
'꼭 뽑혀 나온 이빨 같아'

히브리어로 석류는 리몬이라는데

성서에 모두 32번이나 나오는 이름이라는데

석류 먹고 있는 나도 아브라함의 자손인 거지

3

이호 바다,

바닷물을 파랑 아메리카노라고 우기는 너나

내일도 일요일이라 우기는 나나

야호, 여호와, 이호, 그래도 치통

4

리피트 리피트, 지겹도록 리피트

아침공복청양고추멀미용키미테번지점프보헤미안랩소디의성마늘생강와사비마사지팩

각진 얼음 겨드랑이에 끼워 다 녹을 때까지 랩소디

5

남은 십 분은 욕하는 시간입니다!

십 분 간 죽여주는 시간입니다

그래도,

―「그래도 일요일」 전문

일요일은 거꾸로 해도 일요일인 것처럼, 이유선의 시는 육체와 정신, 육체의 언어와 언어의 육체, 죽음과 허기, 성과 속, 이국의 낯선 풍경과 일상의 익숙한 공간, 타자의 삶과 주체의 삶, 생의 표면과 생의 이면이 구분되지 않는다. 시인은 야생을 희구하며 "죽자고 달려드는" 우울증을 치통처럼 앓는 시를 노래하지만, 고작 남은 십 분으로 누군가를 욕하고 죽이는 상상을 할 만큼 지독하게 윤리적이기도 하다. 위의 인용 시는 '그래도,'라며 마침표가 아니라 반점을 찍으며 미완으로 마무리된다. 끝이 시작에 불과함을 말하는 것으로 '그래도' 이상의 단어는 없다. 시작과 끝의 순환을 상징하는 '그래도 일요일'은 춤추듯 시를 쓰고 시를 쓰듯 세상을 살아가는 시인의 매 순간 삶을 형상화한 리듬이자 이유선 시의 미래를 보여주는 일종의 징후다. 이 무한한 리듬을 타면서 호흡을 함께할 때, 이유선 시의 온전한 이해는 비로소 시작된다.

문학의전당 시인선 361

그래도 일요일

ⓒ 이유선

초판 1쇄 인쇄 2023년 5월 24일
초판 1쇄 발행 2023년 5월 31일
　　지은이 이유선
　　펴낸이 고영
　　디자인 헤이존
　　펴낸곳 문학의전당
　　출판등록 제448-251002012000043호
　　　주소 충북 단양군 적성면 도곡파랑로 178
　　　전화 043-421-1977
　　전자우편 sbpoem@naver.com

　　ISBN 979-11-5896-596-9 03810

*이 책의 판권은 지은이와 문학의전당에 있습니다.
*양측의 서면 동의 없는 무단 전재 및 복제를 금합니다.
*잘못 만들어진 책은 바꿔드립니다.